똑똑하게 즐기는 스크린 타임

레이첼 브라이언 지음 · 노지양 옮김

(BE SMART ABOUT) SCREEN TIME!
: Stay Grounded, Set Boundaries, and Keep Safe Online

Copyright © 2024 by Rachel Brian
Cover illustration copyright © 2024 by Rachel Brian
Cover design by Gabrielle Chang
Cover copyright © 2024 by Hachette Book Group, Inc.
This edition published by arrangement with Little Brown Books for Young Readers, a division
of Hachette Books Group, Inc., New York, New York, USA.
All rights reserved.
Korean translation copyright © 2025 by Book21 Publishing Group
Korean translation rights arranged with Little Brown Books for Young Readers, a division of
Hachette Books Group, Inc.
through EYA Co.,Ltd.

이 책의 한국어 판 저작권은 EYA Co.,Ltd를 통한 Little Brown Books for Young Readers, a division
of Hachette Books Group, Inc. 사와의 독점계약으로 (주)북이십일이 소유합니다.
저작권법에 의하여 한국 내에서 보호를 받는 저작물이므로 무단 전재 및 복제를 금합니다.

똑똑하게 즐기는 스크린 타임

지음 레이첼 브라이언
옮김 노지양

1판 1쇄 인쇄 2025년 7월 21일
1판 1쇄 발행 2025년 8월 20일

펴낸이 김영곤 **펴낸곳** (주)북이십일 아울북
TF팀 팀장 김종민 **기획편집** 신지예 **마케팅** 정성은
편집 김지혜 **디자인** 김단아
영업 정지은 한충희 장철용 강경남 황성진 김도연 이민재
해외기획 최연순 소은선 홍희정
제작 이영민 권경민

출판등록 2000년 5월 6일 제406-2003-061호
주소 (우10881) 경기도 파주시 회동길 201(문발동)
대표전화 031-955-2100 **팩스** 031-955-2177
홈페이지 www.book21.com

ISBN 979-11-7357-318-7 73330

- 모델명: 스크린 타임
- 제조연월: 2025.8.20. • 제조자명: (주)북이십일
- 주소 및 전화번호: 경기도 파주시 회동길 201(문발동) / 031-955-2100
- 제조국명: 대한민국 • 사용연령: 5세 이상 어린이 제품

* 책값은 뒤표지에 있습니다.
* 이 책 내용의 일부 또는 전부를 재사용하려면 반드시 (주)북이십일의 동의를 얻어야 합니다.
* 잘못 만들어진 책은 구입하신 서점에서 교환해 드립니다.

환영합니다!

그리고 축하해요!

여러분만의
스크린 타임을 얻었잖아요.
스크린 타임이 생겼다는 건
나만의 전자 기기를 갖게 되었다는 뜻이죠.

정말이지
짜릿한 일이에요!

야호!

안녕. 나는 마블이야.
이 책을 읽다가 도움이 필요할 때 나타날 거야.
기대해!

마블
멋진 가이드

 스크린 타임을 즐겨요!

 동의와 친절을 연습해요.

 안전도 중요해요. 건강한 경계선을 세워요.

 언제 어른에게 도움을 받아야 할지 배워요.

1장

여러분이 꿈에 그리고 그리던
바로 그날이 왔어요.

나만의 전자 기기*를
마침내 갖게 된 거죠.

* 컴퓨터, 스마트폰, 태블릿 컴퓨터 등의 전자 기기.
혹은 나도 사용할 수 있는 기기.

손가락만 몇 번 움직이면
흥미로운 세계로 들어갈 수 있지요.

이 전자 기기로 우리가 할 수 있는 일은 참 많아요.
이를테면… 이런 것들이죠.

가족과 연락하기

게임하기

새로운 아이디어 얻기

정보 찾기

즐거운 시간 보내기

새로운 관심사 찾기

온라인에 접속한다는 건 다른 사람들과 이어지고
아이디어와 경험을 얻을 수 있다는 뜻이에요.

2장 눈에 보이는 것을 믿어요

과연 그럴까?

그래, 온라인에 접속했구나. 그건 곧 **무궁무진한 세계**와 연결된다는 뜻이지.

전자 기기마다 할 수 있는 일이 달라요.

통화   게임   문자 메시지   앱   인터넷

정말 멋지고 다양한 경험을 할 수 있죠.

멋진 아이디어 얻기   필요한 정보 찾기   웃긴 동영상 보기

영감 받기   온라인 게임하기   유용한 기능 사용하기

무엇을 할까요?

온라인에서 무엇을 할지 정하는 건
음식을 고르는 일과 비슷해요.

먹음직스러워 보이는
사과를 골랐군요!

하지만 몸에 좋은 음식이라도
지나치게 많이 먹으면
배탈이 날 수 있어요.

스크린도 마찬가지예요.

재미있는 영상
딱 하나만 봐야지!

너~~~~무
많이 봤나 봐. 어지러워.

마블의 한 마디 : 잠깐 쉬는 게 어때?

전자 기기를 오래 사용하고 난 뒤에 내 몸이
어떤 상태인지 가만히 느껴 봐. 밖으로 나가
몸을 움직여야 해. 스크린에서 멀리 떨어져!

조심해야 할 콘텐츠

무서운 것

폭력적이거나 위협적인 영상이나 글

성적인 것

옷을 벗은 사람들이 나오는 사진이나 영상

아무것도 입지 않은 몸을 보면

이렇게 느낄 거예요.

호기심이 생겨요.

불편해요.

아니면

아무 느낌이 없어요.

모두 자연스러운 반응이야.

부모님과 믿을만한 어른에게 무엇을 보았는지 말하고 안전하게 온라인 세계를 탐험하는 방법에 관해서 이야기 나눠 봐.

조심해야 할 콘텐츠

거짓 정보

그럴듯해 보이지만 잘못된 정보예요.

가끔은 일부러 거짓말을 해요.

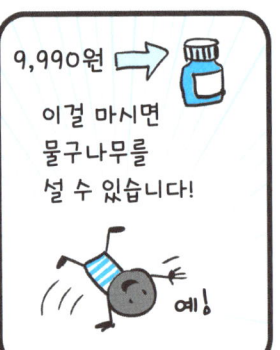

잘못된 정보를 믿는 사람도 있죠.

어쩌면 사실과 거짓이 섞여 있을 수도 있고요.

온라인에서 본 정보는

다시 확인해 봐야 해요.

조심해야 할 콘텐츠

지나치게 완벽해 보이는 사진

* 사진 필터를 쓰면 본래 모습을 바꿀 수 있어요.

우리는 다른 사람이 어떻게 살아가는지 **자세히** 알 수 없어요.
모두 좋은 일과 나쁜 일을 똑같이 겪으며 살고 있지요.

상처 주는 말

인종차별이나 성차별적인 생각과 말로,
다른 사람을 혐오하는 사람들이 있어요.
이유 없이 나쁜 말을 하기도 해요.

그런 일이 생기면 어른들에게 알리세요.
혼자 떠안고 고민할 필요 없어요.

부모님이나 믿을만한 어른이
이렇게 도와주세요!

어른을 위한 마블의 상담실

대화하기!

아이와 어떤 일이 있었는지 정기적으로 이야기 나누세요.

솔직한 대화는 무척 중요해요. 온라인에서 본 충격적이거나 기분이 상했던 콘텐츠에 관해 이야기하며 도움을 주세요.

함께 시간 보내기

아이와 텔레비전을 함께 보거나 게임을 같이 해 주세요.

우리 가족이 특별히 중요하게 여기는 가치가 무엇인지 알려 주세요.

개인정보 보호 설정하기

가장 안전한 설정으로 아이를 지켜 주세요. 예를 들어 아는 사람들과만 메시지를 주고받을 수 있게 하는 거죠.

3장 친구를 만들자!

인간은 사회적 동물이에요.
친구를 만드는 걸 중요하게
생각한다는 뜻이죠.
이 방식으로 초기 인류가
살아남았거든요.

함께일 때

좋음!

혼자일 때

나쁨!

친구들과 함께 있으면
기분이 절로 좋아지기도 해요.

친구들이 떠나면
슬프고 외로워져요.

소셜 미디어가 우리의 관심을 끄는 이유는
다른 사람과 어울리고 싶은 욕구가 있기 때문이에요.

커뮤니티는

사람과 사람 사이를 이어주는 강력한 도구예요.

그리고 소셜 미디어는 실제로 만나기 어려운
친구를 사귈 수 있게 도와주죠. 예를 들면 이렇게 말이에요.

멀리 사는 가족과 연락하기	취미나 관심사 나누기	뉴스나 유행 이야기하기
할머니:  오늘 꽃을 심었어! 사촌 릴리:  강아지 입양!	꿀벌 보호 모임  새 자전거 샀지롱!  예뻐요!	오늘 보름달 보신 분? 저요. 환상적이네요! 요즘 유행하는 헤어스타일이 궁금하다면? 

하지만 어떤 사람은 소셜 미디어를 **언제 멈춰야 할지** 몰라요.
유행에 뒤처지거나
친구들과 어울리지 못할까 봐 두려워서요.

과학 코너

소셜 미디어와 두뇌의 관계

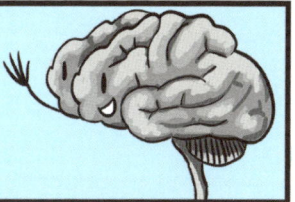

도대체 왜 소셜 미디어에 중독되는 걸까요?

우리 두뇌는 지금 일어나고 있는 일에 반응해요.
즐거운 일이 생기면
두뇌에서 **도파민**을 내보내요.
도파민은 우리를 기분 좋게 만들지요.

좋은 기분과 나쁜 기분은 **시소**처럼 작동한답니다.

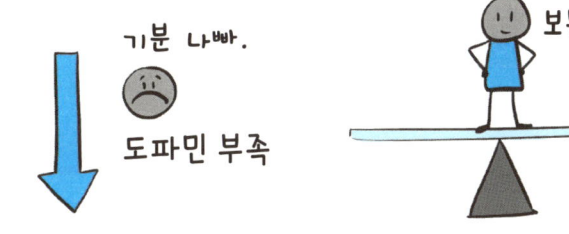

시소의 균형이 맞으면 기분이 보통이겠죠.

무언가 신나는 일을 하면 시소는 '기분 좋아' 쪽으로 기울어져요.

도파민이 많이 나와서 **기분이 엄청 좋아!**

그럴 때 두뇌는 다시 **균형**을 맞추고 싶어해요.
그래서 시소를 반대쪽으로 기울여요.
점점 기분이 나빠지기 시작하죠.

그냥 화가 나!

시간이 흐르고 시소는
다시 균형을 맞춰요.

기분 나빠! 　　　　　　　　　기분 좋아!

보통 상태

하지만 여기서 잠깐 기다려야 해요.
다시 좋은 기분을 만들고 싶은 **유혹**이 생기더라도요.

다시 무언가 재밌는 일을 하고 싶은데?

다음 만화를 보고 생각해 봐. 기분을 다시 좋게 하려는 노력이 항상 좋은 건 아니거든.

한 쪽 만화

맛있는 쿠키

쿠키를 처음 깨물었을 때 정말 맛있다고 느꼈어요.

도파민이 많이 분비되어서 기분이 곧바로 좋아졌죠.

쿠키를 다 먹고 나니 약간 **별로**인 상태가 돼요.

하나만 더 먹을까?

아까 먹은 쿠키보다 맛이 없네?

하나 더 먹어 볼까?

네 번째 쿠키를 먹을 때는 기분이 나빠져요.

시소가 한동안 **기분 나쁜** 위치에 쏠려 버리죠.

그럴 땐 심호흡을 해 봐요.

나쁜 기분은 곧 나아질 거예요.

끝

소셜 미디어를 할 때도 여러분의 기분은
시소를 타는 것처럼 움직이죠.

소셜 미디어를 할 때마다 여러분은 궁금할 거예요.
사람들이 나에게 관심이 있을까? 내가 쓴 글을 사람들이 마음에 들어 할까?
어떤 날은 기대보다 열렬한 반응을 얻기도 하고,
좋아요를 하나도 얻지 못하는 날도 있겠죠.

그러다 보니 **계속** 확인할 수밖에 없어요.

여러분의 기분은
좋기는커녕
점점 나빠지기 시작할걸요.

우리 기분에 대한 한 쪽 만화

좋아하기와 좋아요의 차이

마블의 한 마디

휴식이 필요해!

소셜 미디어를 보고 있으면 자꾸 나 자신이 한심하고 초라하게 느껴지거나

나를 자꾸 다른 친구와 비교할 때,

친구들의 반응이 없어서 기분이 가라앉거나 불안해지면…

잠시 쉬어야 해!

하하하

소셜미디어를 잠깐 안 한다고 큰일이 벌어지진 않거든.

어른을 위한 마블의 상담실

부모님이나 믿을만한 어른이
이렇게 도와주세요!

소셜 미디어를 시작할 수 있는 나이, 만 14세까지 기다려요.

누구를 팔로우하고 어떻게 행동해야 할지 대화를 나눠요.

4장 있는 그대로, 꾸밀 필요 없어요

온라인에는 너무 많은 사람,
너무 많은 의견, 너무 많은 선택지가 있어요.

문득 궁금해질걸요,
어떻게 행동해야 좋을까?

만약 여러분이
실제로도 친절하고,
남을 잘 도와주고,
정직한 사람이라면….

온라인에서도
평소의 나와
똑같이 행동하면 돼요!

진짜 사람과 온라인 소통하기

문자 메시지나 인터넷 게시판에서 대화할 때, 온라인 너머에 있는 상대가 감정을 가진 진짜 사람이라는 사실을 깜빡 잊기 쉬워요.

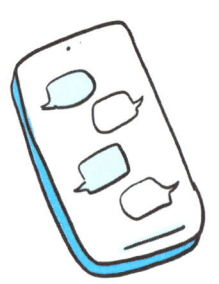

친구와 함께 있으면 얄미운 말을 해도

친구가 얼마나 상처를 받는지 바로 눈으로 확인할 수 있어요.

그런데 온라인에서는 아무리 심술궂은 말을 해도

상대방을 직접 볼 수 없죠.

실수를 인정하고 사과해야 할지 알 수가 없어요.

나와 친구를 지키는 방법

잊지 마세요.

나는 **소중한 사람**이라는 걸.
온라인 친구가 1명이든
1,000명이든 상관없어요.

그리고 다른 사람도 여러분과
똑같이 소중한 사람이에요.
심지어 나를 좋아하지 않는 사람도요.

사람들이 나를 어떻게 생각하는지
너무 신경 쓰지 말아요.

있는 그대로의 네가 멋져! 라고 말해 주는
믿음직한 친구 한 명이 더 중요해요.

내가 얼마나 소중한 사람인지는
내가 정하는 거예요!

나에게 가치 있는 것이 무엇인지 정하고,
그 기준에 따라 행동하세요.

내가 중요하게
생각하는 가치
- 용기
- 공정
- 친절

나에게 중요한 가치
확인하는 방법

⭐ 어떤 사람이 되고 싶나요?

⭐ 나에게 가장 소중한 건 뭔가요?

⭐ 친구가 나를 소개할 때 뭐라고 말하면 좋겠어요?

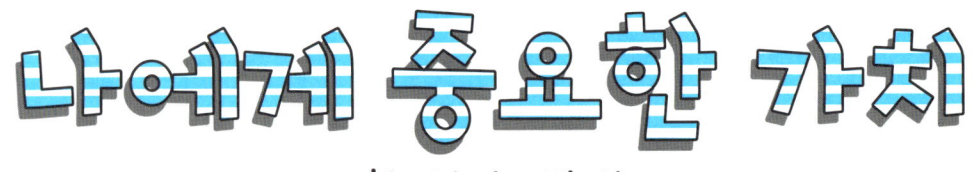

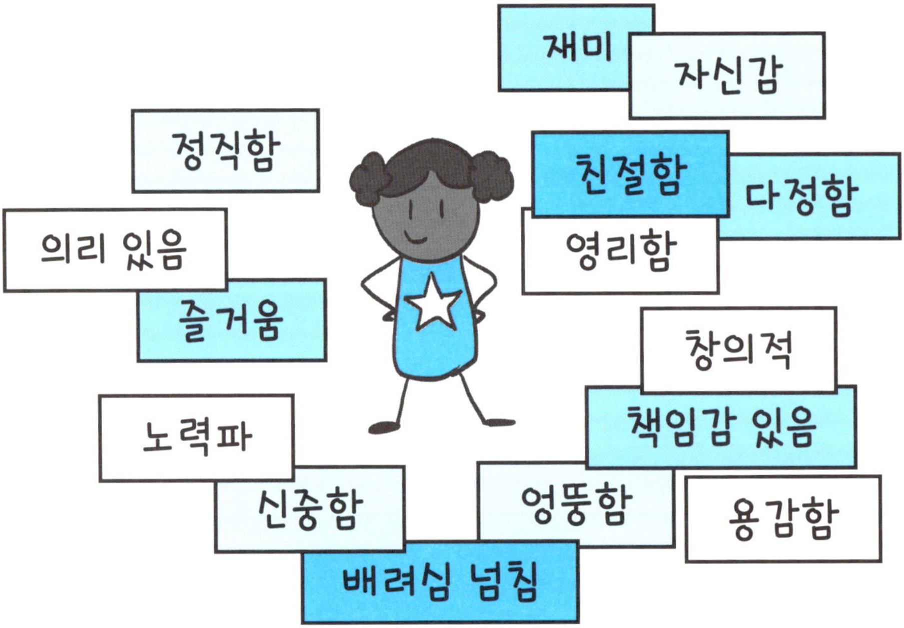

재미 / 자신감 / 정직함 / 친절함 / 다정함 / 영리함 / 의리 있음 / 즐거움 / 창의적 / 노력파 / 책임감 있음 / 신중함 / 엉뚱함 / 용감함 / 배려심 넘침

내게 중요한 **가치**를 정했다면
온라인에서 어떻게 드러내야 할지 생각해 봐요.

아차!
실수했을 때 바로잡는 법

이 세상에
실수하지 않는 사람은 없어요.
온라인에서도 마찬가지예요.

여러분의 실수를
바로잡을 수 있는 방법을 소개할게요.

 **진심을 담아서 사과하기.**

 **다른 사람의 말을 경청하기.**

 **실수를 통해 배우기**

( 같은 실수를 반복하지 말기!).

안전하게 정보 지키기

온라인에서 나 자신을 드러내는 건 중요해요.
하지만 개인 정보는 드러내면 안 돼요!

그러면 어떤 정보를 지켜야 할까요?

믿을 수 있는 어른과
지켜야 할 정보를 정해 보세요.

절대 알려 주면 안 되는 정보들

 집 주소와 전화번호   자세한 일정

 학교   신용카드 번호와 같은 중요한 번호

 비밀번호

인터넷에 한 번 올리면
영원히 지울 수 없다는
사실을 잊지 말아요.

5장 온라인 친구와 경계선을 그어요

"둘 다 좋은 거야!"

온라인으로 친구를 사귀는 건
참 설레는 일이지요!

실제로 친구를 만들 때랑 똑같아요.
중요한 건 경계선을 세우는 일이지요.

건강하고 안전하게요.

"전에 배웠는데 경계선이 뭐였지?"

경계선이란 결정하는 거예요.

나에게 **괜찮은 것** 과 나에게 **괜찮지 않은 것**

경계선

경계선은 사람마다 다를 수 있어요.

경계선을 그을 때 **중요한 건
나와 내 기분**이에요.

내 경계선은 어떻게 정할까요?

 어떤 일이 일어났을 때 내 기분이 어땠는지부터 생각해 봐.

- 다정한 말을 들었을 때
- 편하게 혼자 있을 때
- 온라인에서 소통할 때
- 서로 믿을 때

-  심한 말을 들었을 때
- 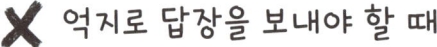 억지로 답장을 보내야 할 때
-  비밀번호를 알려 달라고 할 때
- 죄책감을 느끼도록 할 때

경계선을 세우는 네 가지 단계

1. 괜찮지 않다고 솔직히 말해요.

얼마 전에 네가 화 나서 나한테 이런 문자 보냈잖아. "아무도 너 안 좋아해."라고.

그랬지.

2. 내 감정이 어떤지 표현해요.

나도 그때 굉장히 속상하고 화났어.

그랬구나….

3. 내가 원하는 것이 무엇인지 설명해요.

아무리 화가 나더라도, 조금 더 부드러운 말을 쓰면 안 될까?

알겠어.

4. 경계선을 넘어오면 어떻게 **반응**할지 정해요.

한번 더 함부로 말하면 저 애와는 같이 놀지 말아야겠어.

경계선을 지켜 볼까요?

하나 찾았다!

내 경계선은 다른 사람이 정해 주는 게 아니에요.
나 스스로 결정하는 거죠.
그 차이를 알아볼까요?

다른 친구랑 놀지 마.
네 친구는
나 하나뿐이야!

나한테 잘해 주고
믿을 수 있는 사람과
더 많은 시간을
보내야지!

나의 모든 팔로워는
당장 머리를
짧게 잘라라!

음… 내가 뭘 할까?

소셜 미디어에서
날 자꾸 불편하게
하는 사람은
차단할 거야!

엄마,
있잖아요.

누군가 나의 사진이나
돈을 달라고 하면
어른들에게
이야기해야지!

 다른 사람의 행동을 바꿀 수는 없지만, **나의 행동**은 바꿀 수 있지요.

이 사람이 나한테 욕했어!

누군가 나의 경계선을 넘으면 어떻게 해야 할까요?

온라인에서는 이렇게 해요.

- 하지 말라고 경고하기
- 관리자에게 신고하기
- 차단하기
- 게임이나 채팅방에서 나오기
- 믿을만한 어른에게 말하기

심술궂은 말과 행동을 일삼는 사람을 막을 수는 없어요. 하지만 그 사람을 혼자 남겨 둘 수는 있지요.

우리는 이런 말을 들으면서 자랐죠.

"착하게 행동해야지!"

하지만 싫은 건 **싫다**고 말하는 연습이 필요하답니다. 그래야 건강하게 경계선을 지킬 수 있으니까요.

과 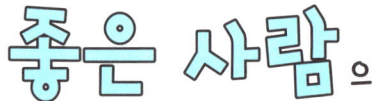의

차이점

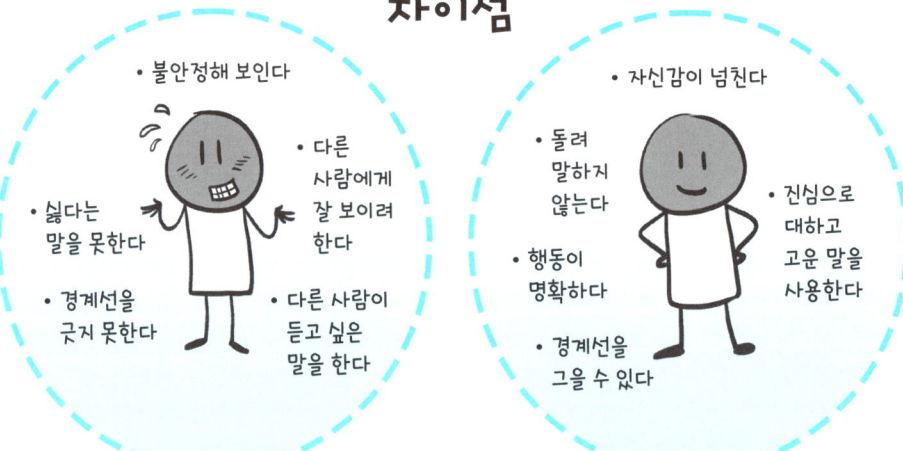

'싫어'를 받아들이지 않는 사람도 있어요.

너 이거 꼭 해야 해! 안 그러면 큰일 나!

그래서 과장하거나 부풀려요.

진정한 친구라면 이 정도는 해 줘야지!

또 죄책감을 느끼게 하거나 화를 내요.

<u>그래도</u> 싫다고 말할 수 있어야 해요(그리고 차단해야 하죠).

온라인 동의

동의란 어떤 일에 좋다고 찬성한다는 뜻이에요.
특히 몸에 관한 일에는 동의가 무척 중요해요.

사진이나 영상을 어딘가에
공유하기 전에 반드시
상대방의 동의를 받아야 해요.

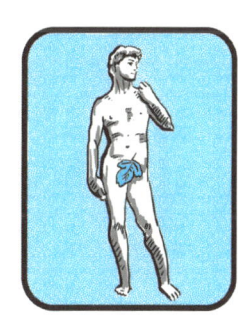

가끔은 알몸 사진이 공유되기도 하죠.
(그런 사진 중에 예술 작품은 드물어요!)

16살보다 어린 사람의 알몸 사진을 찍거나
공유하는 건 불법이에요! 내 사진이라도 마찬가지예요!

알몸 사진을 다른 사람에게
보내는 건 범죄가 될 수 있어요.

고양이는 괜찮아.
원래 옷을 입지 않으니까!

다른 사람의 경계선을 지켜 주었나요?

가끔은 **여러분**의 행동이 다른 사람의 경계선을 넘을 수도 있어요.

사람마다 경계선의 기준이 달라서 어떻게 경계선을 벗어났는지 모를 수도 있어요.

나의 경계선을 말하는 건 용기가 필요해요.

또

다른 사람의 경계선을 지켜 주고 내 행동을 바꾸는 것도 용기가 필요한 일이지요.

나이*에 따라 경계선이 달라지기도 해요.

웃긴 콘텐츠를
내 또래 친구들에게 공유하는 건 괜찮을 수 있어요.

하지만 나보다 어린 친구들에게는 잘못된 행동이 될 수도 있지요.

어른이 주로 보는 콘텐츠를
여러분에게 보내면 어떨 거 같아요?

* 온라인에서는 상대방의 진짜 나이를 알 수 없어요.

건강한 관계에 관한 두 쪽 만화

어니스트와 아기 고양이들

어니스트가 친구네 집에 놀러 갔어요.

아기 고양이 세 마리가 있는 집이죠.

첫째 고양이 둘째 고양이 막내 고양이

어니스트는 세 마리 고양이 모두와 친구가 되고 싶었어요.
어니스트는 착하고 성격 좋은 강아지니까요.
하지만 고양이들의 생각은 달랐나 봐요.

첫째 고양이는 어니스트가 별로 달갑지 않았어요.

그래서 발톱으로 할퀴려고까지 했어요.

한편…

어니스트는 둘째 고양이를 보지도 못했어요. 무서워서 일찌감치 지하실로 도망갔거든요.

하지만 막내 고양이는 어니스트랑 같이 노는 게 좋았어요.

그래서 어니스트가 올 때마다
벽난로 옆에서 뒹굴뒹굴 함께 놀았지요.

어니스트는 깨달았어요.

모두와 친구가 될 수는 없구나.
나를 좋아해 주는 친구들에게
시간과 에너지를 써야지!

끝

6장 트롤, 봇 그리고 악플러

온라인에는 **친절**하고 **재미있는** 사람이 정말 많고, 그 사람들과 친구가 될 수 있어요.

그런 사람들의 공통점을 알려 줄게요.

예의 바른 말을 사용하는 사람

상대방의 말을 존중해 주는 사람

거짓말하지 않는 사람

하지만 사람들의 기분을 상하게 만드는 괴물들도 있죠.

이 괴물들을 세 가지로 나누어 볼게요.

온라인에서 일부러 싸움을 걸거나
다른 사람을 화나게 하려고
잔인하거나 못된 말을 일삼는 사람이지요.

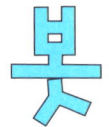

컴퓨터 프로그램이에요.
봇을 이용해 거짓 정보나 질 낮은 콘텐츠를
마구 올리는 사람이 있어요.

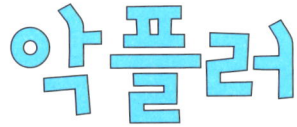

악플러는 자기가 싫어하는 사람만 공격해요!
딱 한사람의 기분을 망치려고
온라인을 이용하지요.

온라인 괴물 퇴치법

트롤

트롤은 상대방이 괴로워하는 반응을 즐겨요. 그래서 사람들이….

속상해하고

분노하죠.

트롤에 대처하는 가장 좋은 방법은 **무시**예요.

대꾸해 주지 않으면 트롤은 자기 말에 반응하는 다른 사람들을 찾아 떠난답니다. 계속 괴롭힌다면 믿을 수 있는 어른에게 도와달라고 말하세요.

봇 상대하기

봇인지 아닌지 알아차리기가 어려울 수도 있어요. 인간의 행동을 똑같이 따라하니까요. 특히 소셜 미디어에서요.

하지만 대답하지 말고, 관심도 두지 마세요.

음…. 굳이 컴퓨터와 말다툼을 할 필요는 없잖아?

안전하게 행동하는 방법

그만!

아무 링크나 마구 클릭하면 안 돼요! 검증된 사이트나 앱에만 들어가세요.

어디에 당첨되었다거나 무료 쿠폰을 준다는 연락, 개인 계정이나 비밀 번호를 알려 달라는 협박을 조심하세요. 이런 메시지를 받으면 어른에게 알려야 해요.

악플러의 사이버불링 대처하기

사이버불링은 인터넷 공간에서 누군가를 괴롭히거나 상처 주는 행동이에요.
다른 말로 **인터넷 기술을 이용해 못되게 구는 걸** 말해요.

 **사이버불링 알아차리기**
- 창피를 준다
- 겁주거나 협박한다
- 놀리고 조롱한다
- 내 동의 없이 함부로 내 사진이나 영상, 개인 정보를 유포한다

 **사이버불링 대처하기**

악플러에게 똑같이 악플을 달고 싶은 생각이 들 수 있어요. 하지만 악플을 다는 순간 여러분도 악플러가 되는 거예요. 나에게 무엇이 중요하고 어떤 사람이 되고 싶은지 기억하고 행동하세요.

성숙한 태도 - 내게 중요한 가치 따르기

미성숙한 태도 - 같이 화내고 막말하기

사이버불링에 관한 한 쪽 만화

품위를 지켜요

그레타는 즐겁게 동네를 산책하고 있었어요.

그런데 통나무에 걸려 넘어지고 말았죠.

그레타가 넘어지는 모습을 에바가 동영상으로 찍었어요.

에바는 영상을 친구들에게 보여 줬어요.

그레타는 무척 화가 났고, 무엇보다 창피했어요.

그레타는 에바에게 똑같이 되갚아 줄 방법을 생각했어요.

시간이 흐르고…

하지만 그레타는 자기가 어떤 닭이 되고 싶은지 곰곰이 생각했어요.

복수하는 대신 친구들과 신나게 놀았어요.

친구들은 점점 그 일을 신경 쓰지 않게 됐죠.

그리고 그레타도요. 생각해 보면 별일 아닌걸요!

끝

온라인에서 다른 사람을 도와주세요

가끔은 괴롭힘을 당하는 사람이 내가 아닐 수 있어요.
내 친구, 내 가족 혹은 내가 알지 못하는 사람일 수도 있고요.
그럴 때는…

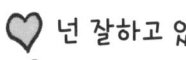

- ♥ 넌 잘하고 있어!
- ♥ 정말 대단해!
- ♥ 진짜 훌륭해!
- ♥ 계속 이대로만 해!

좋은 댓글로 나쁜 댓글을 밀어내요.

그리고 어떤 기분인지 물어봐요.

괴롭히는 사람에게 멈추라고 직접 말해요.

마블의 한 마디

내가 혹은 내가 아는 사람이 온라인에서 괴롭힘을 당해서 무기력에 빠지거나 너무 힘들어 제대로 버틸 수가 없다면 전문가의 도움을 받아야 해.
믿을만한 어른에게 털어놓으렴. 지금 바로!

청소년 사이버상담센터(1388.go.kr)에서 도움을 받을 수 있어.

정신 건강 보살피기

혹시 사이버불링을 당하고 있거나 온라인에서 못된 행동을 하는 사람 때문에 힘들다면…

온라인 밖 사람들에게 도움을 요청하세요.

상담 교사, 심리 치료사, 믿을 수 있는 어른이 우리의 감정과 의견을 다스리는 데 도움을 줄 거예요. 나를 지지해 주는 사람이 곁에 있어 주기만 해도 정신적으로 안정되거든요.

다른 방법도 있어요

 학교 선생님과 행정실에 알리고 상담하기

 사이트 관리자에게 삭제 요청하기

 범죄인 경우에는 경찰에 신고하기

 친구들에게 고민 털어 놓기

7장 스스로 책임져요

과학 기술은 정말 훌륭하죠.

하지만 적절히 사용해야 해요.

과학 기술은 **놀라운 방법**으로 내가 하고 싶은 일을 훨씬 더 편리하게 하도록 도와줘요.

와! 축구를 할 수도 있고, 화면으로 연습할 수도 있어.

친구들과 온종일 떠들 수 있어!

하지만

내가 좋아하는 일과 꼭 필요한 활동을 못하게 **시간을 빼앗**기도 하죠.

집 밖으로 절대 안 나갈 거야.

친구와 놀 시간이 없어!

잠이 부족해….

핸드폰이 없으면 불안해.

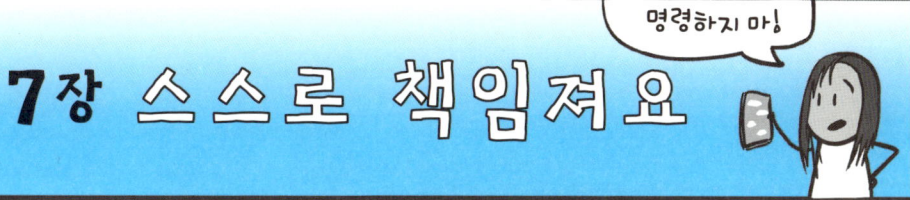

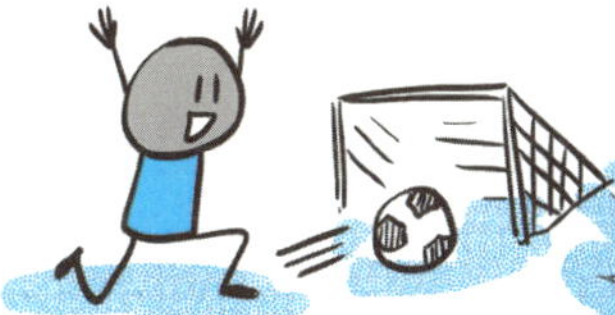

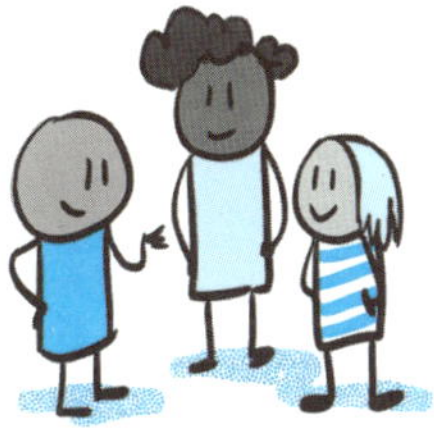

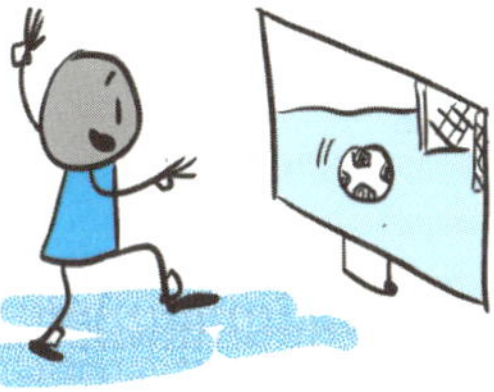

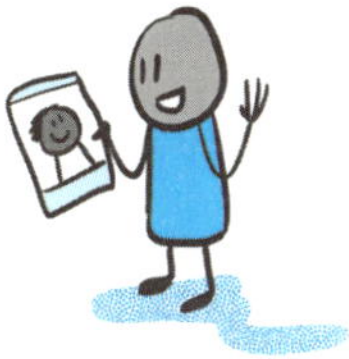

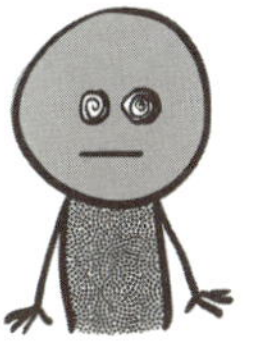

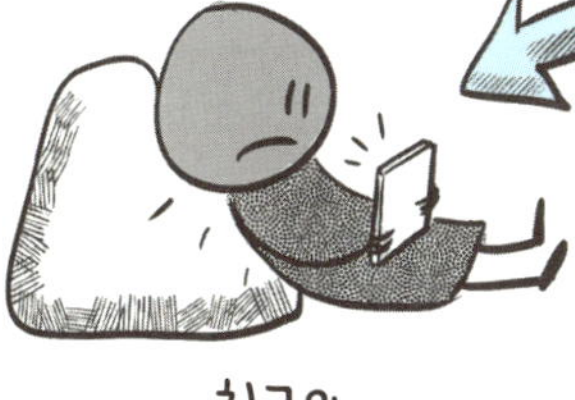

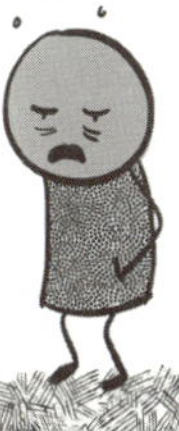

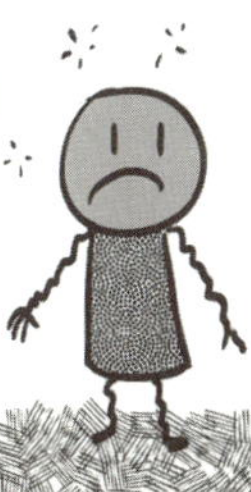

정답은 없어요

스크린 타임에 관한 기준은 모두 다르니까요.

스크린 타임이 적은 가족

스크린 타임이 많은 가족

여러분 가족의 기준은 둘 사이 어딘가에 있을 수 있죠.

과학 기술을 사용해서
삶의 질이 높아졌다고요?
칭찬받을 일이군요!

하지만 과학 기술에게 휘둘리지 않도록 주의하세요.

스크린 타임은 얼마가 적절할까?

모든 사람에게 딱 맞는 정답은 없어요.
가족마다 기준이 다르니까요.

하지만 권장 시간은 있어요.*

아기와 영아

흠, 이 친구들은 아직 전자 기기가 필요하지 않아요.

0 시간

3살에서 5살까지

교육용 영상, 가족과 같이 보는 영상

1 시간

6살부터 청소년

(학습 과제나 영상 통화를 빼고)

2 시간

*미국 소아과 학회(AAP) 자료 참고

인터넷을 얼마나 하는지보다 왜 하는지가 더 중요해요.

피곤해서?

심심해서?

불안해서?

우울하거나 신경질이 나서?

기분이 안 좋을 때마다
습관적으로 전자 기기를 사용하면
앞으로 전자 기기 없이
감정을 조절하기 어려울 수도 있어요.

적극적 vs 수동적
스크린 타임 　　　　스크린 타임

전자 기기는 어떤 방식으로 이용하는지가 중요해요.

적극적 활용　　## 수동적 사용

도구로써 사용하는 거예요.　　우리를 작은 세계에 머물게 하죠.

새로운 우쿨렐레 곡 배우기

온종일 멍하니 영상 보기

언젠가 도전해 보고 싶었던 요리법 찾아보기

생각 없이 스크롤 하기

필요한 정보를 찾거나 무언가를 배울 때 사용하고 있니? 아니면 그냥 시간을 떼우고 있니?

# 마블과 함께하는 쉬는 시간

불안하거나 짜증 날 때, 혹은 슬플 때
잠시 심호흡을 해 보세요. 혹은 이럴 때도요.

잠이 오지 않을 때

집중하기 어려울 때

스스로
감정을 달래기
어려울 때

한 가지 생각만
머릿속에 맴돌 때

마블의 한마디

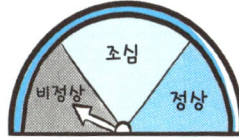
스크린 타임 측정기

위험해!
잠깐 쉬는 게 좋겠어.

나는 휴식도 잘해.

과학 코너

지루함이 좋은 거라고요?

말도 안돼!

지루하다는 건 뭘까요?
심심하고 따분하다는 뜻이죠.
그런데 가끔은 지루한 것도 좋답니다.

못 믿겠다고요?

지루하고 심심하면
뭔가 재미난 일을
꾸미고 싶어지거든요.
그리고 조금 느긋하면
안정된 느낌이
들기도 해요.

심심하네!
책 좀 읽을까?

잠깐, 난 시간이 남아도 뭘 해야 하는지 모르겠는데?

온라인에서 너무 많은 시간을 보내거나
부모님이 짠 일정대로 생활하는 친구들은
관심 있는 분야를 발견하고
창의적인 능력을 키울 기회가 부족하죠.

지루함도 연습이 필요해요!

스크린 타임을 조절하는 법

전자 기기를 금고에 넣고 잠글 필요까지는 없겠죠?

몇몇 공간에서는 스크린을 보지 않기로 정하는 거예요. 전자 기기를 안 쓰는 시간도 만들면 좋겠죠.

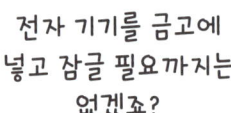

부모님이나 믿을만한 어른이 이렇게 도와주세요!

전자 기기를 안 쓰는 시간과 공간을 함께 정해 주세요.

스크린 타임에 관해 대화하고, 다음과 같은 시간을 충분히 갖도록 도와주세요.

자는 시간   신체 활동 시간   건강한 식사 시간

아이들이 자제력을 키울 수 있도록 옆에서 응원해 주세요.
(스스로 자신의 생활 리듬을 찾을 수 있도록요!)

8장 이제부터가 중요해요

"휴, 많이 배웠지요"

정보가 너무 많다고요?

배운 것을 행동으로 옮기려면 시간과 경험이 필요해요.

지금 당장 행동으로 옮기지 않아도 돼요.

"오, 다행이다!"

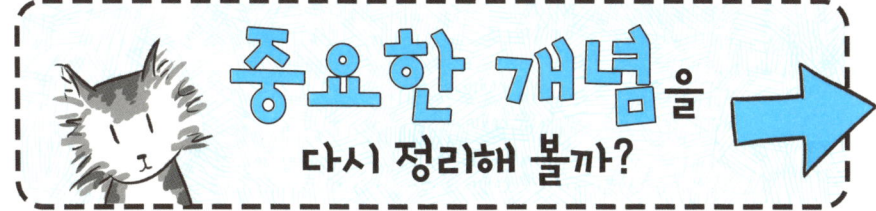

중요한 개념을 다시 정리해 볼까? →

1 즐기기

기분 좋은 경험을 해요(그리고 나의 전자 기기를 잘 챙겨요).

탐험 과 책임

- 예술
- 게임
- 정보
- 가족과의 영상 통화
- 친구들에게 문자 보내기
- 충전하기
- 안전한 곳에 두기
- 함부로 다루지 않기

2 균형 맞추기

온라인 활동은 조금만 하고

친구들과 즐겁게 학교 생활하기, 취미 활동 **많이** 하기

잊지 마! 전자 기기는 우리 삶의 작은 부분일 뿐이야!

 가치 따르기

최선을 다해서

온라인에서도 솔직하게 있는 그대로의
나의 모습으로 행동하면 돼요.

그러다가 실수하면요?

사과하세요!
(진심을 담아서요)

실수하면서 배우는 거예요.
그리고 앞으로 달라지면 되죠.

4 항상 조심하기

나와 내 친구들을 지켜요.

학교나 학원에서처럼 온라인에서도 건강한 친구 관계를 맺어요.

차단

나만의 **경계선**을 정해요. 나와 내 친구들에게 나쁜 행동을 하는 사람은 차단하거나 서서히 멀어져요.

개인 정보를 안전하게 보호하고 도움이 필요하면 어른들에게 알려요!

5 쉬는 시간 만들기

과학기술은 우리가 신나고
풍요로운 삶을 살 수 있게 도와주죠.
하지만 혹시 내 모습이
아래와 같지 않은지 생각해 보세요.

걱정이 많고 울적함

짜증 나고 불안함

온종일 스마트폰만 하고 싶음

외롭고 무서움

쉬는 시간 동안에는 다른 즐거움을 찾아봐요.

공원이나 동네 가볍게 산책하기

친구들과 신나게 떠들기

책 읽기

과학 기술은 지금 이 순간에도 변하고 있어요.

전자 기기   게임   다양한 도구들

하지만 언제나 그대로인 것들도 있죠.

친구를 아끼는 마음

진실함

상냥함

건강한 경계선

> 그러니까 너의 진짜 모습을 잃지 마.
> 그리고 똑똑하게 즐기는 스크린 타임.
> **넌 충분히 잘할 수 있어!**